NOTES

ET

IMPRESSIONS DE VOYAGE

EN SICILE

AU COURS DE L'ANNÉE 1906

Par M. LE DOCTEUR A. GIRAUD

ROUEN

IMPRIMERIE E. CAGNIARD (LÉON GY, Succr)

Rues Jeanne-Darc, 88, et des Basnage, 5

1909

Extrait du Bulletin de la Société libre d'Emulation du Commerce et de l'Industrie de la Seine-Inférieure
(*Exercice* 1908).

IMPRESSIONS DE VOYAGE EN SICILE

AU COURS DE L'ANNÉE 1906

Par M. le docteur A. GIRAUD

---

8 juin 1906. — Grosse journée de voyage. Partis de Naples de bon matin, nous nous étions arrêtés à Torre Annonziata, et avions admiré, en passant, les fabriques de macaroni, puis nous avions été voir à Bosco-Trécase la coulée de lave du Vésuve, qui deux mois auparavant avait dévasté le pays en renversant et incendiant tout sur son passage. La lave n'était pas encore refroidie. Nous ne pouvions pas nous avancer sans risquer de brûler nos chaussures; il y avait une odeur sulfureuse très marquée et il semblait que la chaleur fut encore entretenue par une

Note. — Comme l'indique le procès-verbal des séances et le compte rendu des travaux de l'année, j'ai communiqué des impressions d'un voyage fait en Italie, à la suite du Congrès international d'Assistance, en 1906, voyage organisé par le Bureau du Congrès. Cette communication faite avec projections ne devait pas être publiée. L'Italie est bien connue, et le principal intérêt du récit venait des projections faites d'après des photographies originales. Après la catastrophe survenue en Sicile et sur la côte de la Calabre, la Commission de publicité a pensé que tout ce qui se rattachait à ce malheureux pays avait de l'intérêt, et a demandé que les notes relatives à la Sicile fussent insérées au Bulletin de la Société. M. Gruzelle, secrétaire des Amis des monuments rouennais, a fait l'amabalité d'illustrer ces notes de dessins d'après des documents rapportés de Sicile, et je lui adresse tous mes remerciements. A. G.

sorte de combustion. Mais nous avons pu admirer la philosophie des gens du pays qui déblayaient l'emplacement de leurs maisons détruites et empilaient les morceaux de lave pour s'en servir comme de matériaux de reconstruction. Le volcan avait renversé leur maison ; c'était bien juste qu'il servit à quelque chose pour la reconstruire. Le pays est si beau, si fertile, qu'on ne peut pas se résoudre à l'abandonner, malgré le terrible voisinage du volcan. Et puis, il faut bien dire aussi que deux coulées de lave n'ont généralement pas lieu au même endroit. La montagne s'est ouverte pour laisser passer le torrent de feu et la lave refroidie a formé une cicatrice solide. On reconstruit sur la coulée de lave, la prochaine catastrophe devant être pour les voisins.

De Bosco-Trécase nous avions gagné Pompéï que nous avons visité. Nous avons retrouvé là l'impression que nous avions eue à Rome en visitant le Forum et le Palatin. On ne peut se défendre d'une véritable émotion à la vue de ces ruines, de l'exhumation de cette ville morte où l'ont retrouve le souvenir des siècles passés, où l'on a sous les yeux les traces des chars de gens passant là il y a dix-neuf cents ans. Pompéï était une ville de luxe et de plaisir. Une convulsion de la nature l'a d'abord, en partie, renversée, et un second cataclysme l'a recouverte d'un linceul de cendres.

Je ne m'étendrai pas davantage sur Pompéï puisque je dois surtout parler ici de la Sicile. Je me bornerai à dire qu'à côté de la ville morte se trouve une ville nouvelle : Valle di Pompéï. Là, nous avons vu un établissement intéressant tout à la fois au point de vue assistance et au point de vue social. C'est une maison d'éducation créée pour les fils de condamnés. Les enfants reçoivent non seulement l'instruction primaire, mais on leur apprend un métier, suivant leurs aptitudes. Nous avons même vu une petite imprimerie. Enfin et surtout, on cherche à les moraliser pour qu'ils ne suivent pas l'exemple fâcheux de leurs parents.

Le soir nous prenions le train qui devait nous conduire à Reggio, et de là à Messine. Il n'y a, sur cette ligne, de train express que la nuit, et, d'autre part, notre temps étant limité, nous avions besoin de faire rapidement les grands trajets. Ajoutons qu'au mois de juin le jour apparaît de bonne heure, et que la nuit est vite passée. Les wagons sont confortables, et les personnes qui savent dormir la nuit en chemin de fer arriveront frais et dispos.

9 juin 1906. — Nous avons passé de nuit à Salerne et nous n'avons pas eu à changer de train à l'embranchement de Battipaglia. Lorsque le jour se lève, nous sommes sur la côte de Calabre. Le chemin de fer suit presque constamment le littoral. A droite, nous avons la mer bleue. A gauche, des rochers. De temps à autre un village de pêcheurs. Quelques terres cultivées au milieu des rochers, mais alors une végétation toute particulière. Des clôtures faites de haies de grands cactus, des fleurs sauvages avec un coloris éclatant. De temps à autre le chemin de fer fran-

chit un torrent en partie desséché. On contourne le cap Vaticano et on commence à apercevoir dans le lointain les montagnes de la Sicile. En certains endroits, les rochers s'avancent jusqu'à la mer. Nous traversons en tunnel le fameux rocher de Scilla et nous sommes sur une des rives du détroit de Messine. Le site est magnifique. Nous cherchons Charybde, mais nous ne distinguons rien dans la mer qui puisse nous indiquer le gouffre si redouté des navigateurs au temps d'Homère et même de Virgile. On dit toutefois qu'il existe dans ces parages un endroit où la mer est toujours agitée et forme une sorte de tourbillon à l'endroit appelé Garofalo. Ce qu'on sait, c'est qu'il y a de forts courants dans le détroit, et à l'époque d'Homère, la côte hérissée de rochers pouvait être fort dangereuse. Aujourd'hui le vers de Virgile, disant qu'on tombe de Charybde en Scilla, est du domaine de la légende, et puis, comme nous sommes en chemin de fer, nous n'avons à nous préoccuper ni du gouffre ni de l'écueil. Notre wagon s'engage sur un ferri-boat, le temps est superbe, la mer calme comme un lac. On a, par prudence, amarré les roues de notre wagon, mais nous ne sentons aucun mouvement. Sur le pont du bateau sont avec nous des passagers et des marchandises. Nous voyons embarquer de gros poissons qui attirent notre curiosité, ce sont des espadons, armés de leur grande scie, et dont la chair est fort estimée.

Le trajet se fait rapidement et la ville de Messine que nous voyons depuis longtemps, bâtie en amphithéâtre et dominée par des montagnes, se dessine de plus en plus nettement; bientôt nous entrons dans le port formé par une presqu'île en croissant, et nous avons devant nous le quai bordé de constructions monumentales. Les kodacs sont braqués pour rapporter un souvenir de notre arrivée dans la ville qui a grand air.

On nous signale un groupe de messieurs en tenue de cérémonie, et montant à bord dès que le bateau est amarré à quai. C'est la municipalité qui vient recevoir la délégation du Congrès, et le membre du Comité qui est à notre tête, l'aimable docteur baron Scotti, se met immédiatement en relation avec les représentants de la ville [1].

[1] La nouvelle de la catastrophe de Messine a causé à l'auteur de ces notes une émotion d'autant plus vive qu'il s'agissait d'une ville où nous avions été reçus de la manière la plus cordiale, et d'où nous avions rapporté un souvenir charmant. A. G.

On nous a fait monter en voiture et nous sommes conduits à l'Hôtel de Ville où une collation nous a été préparée. Les dames qui font partie de l'excursion ne sont pas contentes; après une journée et une nuit de voyage, leur toilette laisse un peu à désirer et elles ne vont pas paraître à leur avantage. Mais ceux qui nous reçoivent sont si aimables, que les dames font vite contre fortune bon cœur. Et puis, la table est jonchée de ses fleurs du pays, aux couleurs si éclatantes, et que nous admirions en route. On en forme des bouquets qui sont offerts aux dames, mais l'on ne s'attarde pas, car le temps est toujours limité et nous avons beaucoup de choses à voir.

Membres du Congrès d'Assistance, nous devions voir les établissements hospitaliers de la ville et en même temps on nous faisait les honneurs de tout ce que la ville avait de beau. Nous venions de voir le Palais municipal. L'hôpital et l'hospice sont des établissements bien tenus sur lesquels je n'insistrai pas ici. Je me bornerai à mentionner que nous y avons trouvé quelques religieuses françaises de l'ordre de Saint-Vincent-de-Paul, lesquelles étaient heureuses de recevoir la visite de compatriotes. La visite de la cathédrale mérite une mention toute particulière.

Disons d'abord qu'il y a sur la place du Duomo une bien jolie fontaine, œuvre d'un florentin, élève de Michel Ange, Fra Giovani-Angelo Montorsoli. Elle date du XVIe siècle, représente le triomphe d'Orion. C'est une allégorie d'une grande richesse de statues et de bas-reliefs.

La cathédrale, dite la Matrice, est un souvenir des ducs normands, conquérants et grands bâtisseurs d'églises. Les incendies et les tremblements de terre lui ont fait subir bien des vicissitudes, et en 1906 l'édifice primitif avait été considérablement modifié. Mais si l'unité de style faisait défaut il y avait une grande richesse d'ornementation. On pouvait admirer une fort belle chaire en marbre blanc, des mosaïques de toute beauté, et de charmants détails de sculptures.

Une visite fort intéressante qu'on nous fit faire fut celle du Campo Santo. Les cimetières en Italie n'ont généralement pas l'aspect triste de nos cimetières de France où les tombes sont alignées les unes au bout des autres et où les monuments supportent mal les intempéries sous notre climat. Le Campo Santo de Messine est sur une hauteur, d'où l'on a une vue splendide sur la mer, avec les montagnes de la Calabre comme fond de tableau. Il est disposé comme une véritable promenade, avec des plantations de lauriers roses et blancs qui étaient en fleurs au moment de notre visite. Dans la partie supérieure, des galeries funéraires monumentales et des sculptures dans l'intérieur des galeries. On était un peu là comme dans un musée. Détail qui ne manque pas d'originalité, le buste du défunt était obligatoire pour une sépulture de première classe, et bien entendu c'est du marbre.

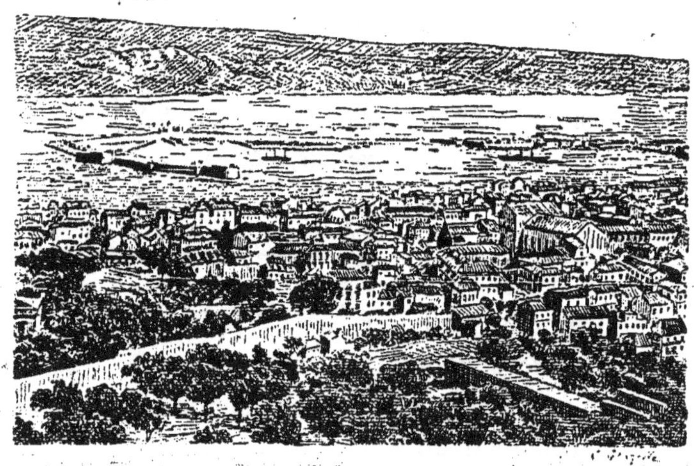

Mais l'heure nous presse. Après la visite de la ville, on nous conduit à la gare du chemin de fer, où un buffet doit nous permettre de prendre des forces avant de monter dans le train qui nous conduira à Giardini-Taormina.

La route que suit le chemin de fer est merveilleuse. Le chemin de fer suit la côte. De temps à autre un promontoire s'avance jusqu'à la mer et on le traverse en tunnel, mais le littoral a des terres d'une grande fertilité. J'ai déjà parlé de la richesse de coloris des blancs qui étaient en fleurs au moment de notre visite. Dans la partie supérieure, des galeries funéraires monumentales et des sculptures dans l'intérieur des galeries. On était un peu là comme dans un musée. Détail qui ne manque pas d'originalité, le buste du défunt était obligatoire pour une sépulture de première classe, et bien entendu c'est du marbre.

Mais l'heure nous presse. Après la visite de la ville, on nous conduit à la gare du chemin de fer, où un buffet doit nous permettre de prendre des forces avant de monter dans le train qui nous conduira à Giardini-Taormina.

La route que suit le chemin de fer est merveilleuse. Le chemin de fer suit la côte. De temps à autre un promontoire s'avance jusqu'à la mer et on le traverse en tunnel, mais le littoral a des terres d'une grande fertilité. J'ai déjà parlé de la richesse de coloris des aujourd'hui par une route de cinq kilomètres de longueur, en lacet et dominant la mer. La ville est sur un promontoire d'où l'on a une vue magnifique sur la mer bleue, et l'Etna dresse sa masse imposante avec sa cime couverte de neige : le volcan sous un manteau blanc. On voit à Taormina de vieilles fortifications du moyen âge donnant au pays un cachet très pittoresque et les ruines d'un grand théâtre romain relativement bien conservé, situé naturellement en un des points où l'on a une des plus belles vues.

Nous sommes obligés de nous arracher à ce pays enchanteur, car nous devons gagner notre gîte le soir à Catane. La ligne du chemin de fer contourne l'Etna et suit toujours le littoral, avec vue sur la mer, et la même végétation qu'au départ de Messine. De plus nous traversons le pays des légendes. Acis, l'amant de la nymphe Galatée, a été écrasé sous un rocher par son rival le cyclope Polyphème, et il n'y a pas moyen d'en douter, puisque l'on montre l'endroit où la scène a eu lieu, c'est à Acireale ; on y a même fait une station de chemin de fer. Un peu plus loin, près d'Aci-Castello, on voit, dans la mer, les îles des Cyclopes. Le même Polyphème, aveuglé, comme on le sait, par Ulysse, voulut se venger. Il lança dans la mer, vers le point où il supposait qu'Ulysse voulait s'embarquer, un certain nombre de rochers. Comme il n'y voyait pas clair il ne put atteindre son but et Ulysse put s'échapper, mais les rochers sont restés. L'un d'eux mesure environ soixante-dix mètres de haut sur sept cents mètres de circonférence. Ce Polyphème était, comme on le voit, d'après la légende, un terrible manieur de rochers. Mais si nous cherchons à interpréter le mythe, il y a eu là, autour de l'Etna, de terribles commotions du sol.

Nous arrivons à Catane à la nuit tombante, et, comme dans les pays qui se rapprochent des tropiques, la nuit tombe tout à coup. Les jours sont moins longs en été que dans nos pays. Nous nous apercevons bien nettement que nous avons changé de latitude. En descendant du train nous trouvons une délégation de la municipalité venue conférer avec nous pour organiser le programme du lendemain.

10 juin 1906. — Notre visite de la ville sera rapide, car nous sommes attendus le soir à Palerme.

Le port a un mouvement de navigation assez important et fait surtout le commerce des produits du pays. Il y a, à Catane, des palais, mais pas très anciens, parce que les tremblements de terre les renversent de temps en temps. Les habitants, en gens philosophes, les reconstruisent. La cathédrale, il

Duomo, comme on appelle les cathédrales en Italie, a été construite une première fois par le duc normand Roger Ier, mais il reste peu de chose de la construction primitive renversée par le tremblement de terre. L'Etna, bien tranquille quand nous l'avons vu, sous son manteau de neige, malgré l'été, est toujours un terrible voisin, et Catane est bâtie en partie sur une coulée de lave, rappelant qu'on est pas loin du volcan.

La municipalité nous fait visiter un orphelinat

municipal de création récente, où l'on s'occupe de donner aux jeunes filles une éducation et une instruction professionnelle, un hospice où sont réunies toutes les misères, un hôpital, très moderne, où est installé un institut Pasteur destiné à fournir le sérum antirabique à toute la Sicile où, paraît-il, les cas de rage sont assez fréquents.

Nous voyons encore un établissement d'assistance où les garçons reçoivent une éducation professionnelle et se livrent à des travaux d'arts. Comme nous les visitons un jour de dimanche, ils sont en tenue militaire et sont alignés dans la grande cour de l'établissement, avec leur drapeau, et commandés par leurs officiers. Notre ami Scotti leur adresse un discours patriotique. Enfin, pour terminer la matinée, nous avons été conduits au jardin public qui est une fort jolie promenade avec la belle végétation du littoral de la Sicile. Il y avait autrefois, paraît-il, à Catane une rivière qui fut chantée par Pindare, mais l'Etna a jugé bon de la couvrir de sa coulée de lave, et pour ne plus être troublée dans ses habitudes, la rivière a pris le parti d'avoir un cours souterrain.

Nous partions l'après-midi pour Palerme. La route est longue. Il y a un peu moins de deux cent cinquante kilomètres, mais il faut traverser une partie montagneuse et les trains dits express ne vont pas vite. En quittant Catane, nous nous engageons dans la vallée du Dittaino et nous quittons le bord de la mer. La végétation change : au lieu d'orangers et de citronniers, on cultive des céréales. La moisson du blé est déjà faite et on rentre les récoltes.

Nous passons à Agira qui paraît avoir été jadis une colonie phénicienne et, dit-on, d'après l'historien Diodore, aurait été visité par Hercule. Nous n'y avons pas même vu un rocher remué par Hercule, de sorte que je rapporte le fait sans aucune garantie. Puis le chemin de fer s'élève toujours ; nous passons près de Castrogiovanni, nous traversons des tunnels et nous entrons dans la région des mines de soufre. A la plupart des stations, nous voyons des wagons chargés de soufre brut. C'est une région qui contraste singulièrement avec le littoral. On a l'impression d'un pays pauvre. La route n'est pas monotone parce qu'on est dans les montagnes, mais ce n'est pas la grande montagne. Il n'y a pas de masse imposante comme l'Etna ; il y a peu d'eau et une végétation maigre.

Nous rejoignons un peu avant d'arriver à Termini la ligne de Messine à Palerme, par le littoral du nord de la Sicile, et l'aspect change subitement. Nous retrouvons la mer bleue, les plantations d'orangers et de citronniers, les fleurs aux coloris éclatants. Nous arrivons à la nuit à Palerme, dans une grande et belle ville, et notre ami Scotti entre en conférence avec les délégués de la municipalité, qui le lendemain nous feront les honneurs de la ville.

11 juin 1906. — Nous admirons l'aspect général de la ville. A côté de la vieille ville, qui est près de la Calla, se trouve une ville bien percée que deux

longues voies, se coupant à angle droit, partagent en quatre parties. Un hémicycle de hautes montagnes, ayant pour crête des rochers, forme du côté de la terre un panorama grandiose, et du côté de la mer la ville est au fond d'un golfe largement évasé.

Palerme paraît avoir beaucoup moins souffert des tremblements de terre et des éruptions volcaniques que Messine et Catane. On y est plus loin de l'Etna et aussi de cette formidable cassure qui a formé le détroit en faisant de la Sicile une île.

La chaîne de montagnes que nous avons traversée en chemin de fer est manifestement le prolongement de l'Apennin, et la rupture s'est faite en un point où l'on constate un sol éminemment volcanique.

Comme d'habitude, nous sommes reçus dans la journée au Palais municipal, et nous avons visité, tout à la fois, les monuments de la ville et les principaux établissements d'assistance. Je dois dire que non seulement la journée a été bien remplie, elle a de plus été charmante de cordialité.

La cathédrale a un aspect grandiose et d'un style très particulier, assez composite mais formant un ensemble harmonieux. Il y a là, tout à la fois, dans cette architecture un peu extraordinaire, un ensemble de style arabe, roman, byzantin et grec. Le vieux campanile datant du XIIe siècle est relié à la cathédrale par des arcades. Sur le côté, une grande place, bien ensoleillée et avec des plantations de palmiers, donne un aspect que l'on est pas habitué à voir en Normandie, et néanmoins, quand nous pénétrons dans l'intérieur de l'édifice, nous y retrouvons des souvenirs normands ; ce sont, parmi les tombeaux, les sarcophages des ducs normands, ces hardis conquérants du

temps passé qui, venus en 1061, ont régné sur la Sicile et ont, un peu partout dans le pays, laissé tant de traces de leur passage.

Un autre monument religieux mérite une mention toute particulière. C'est dans le Palais Royal, la chapelle palatine, construite en 1132, naturellement par un roi normand, Roger II. C'est un mélange de style normand et de style arabe, et les murs sont couverts de mosaïques sur fond d'or. On dit que l'on fit venir pour cette décoration les plus habiles mosaïstes de l'époque, qui étaient les moines du Mont-Athos. En tout cas l'aspect est fort beau et très impressionnant.

Nous n'avons guère cessé de voir de belles choses partout où l'on nous a conduit. Un orphelinat pour jeunes filles dans un fort beau palais ancien, et ayant un aspect mauresque, avec des palmiers dans la cour intérieure. Un grand asile d'aliénés, de construction récente, aux portes de la ville et dans un beau site. Un établissement pour les aveugles avec une vue splendide sur la mer : une vue si belle pour les malheureux qui n'y voient pas clair! Mais cette visite nous a fait traverser un beau quartier neuf.

Une visite bien originale a été celle que nous avons faite l'aprés-midi, à la boulangerie municipale, destinée à régulariser le cours du pain, et où nous avons assisté au goûter des ouvriers. On a d'abord essuyé une table en bois autour de laquelle les ouvriers se sont assis sur des bancs, puis une marmite de macaroni cuit avec des plantes vertes a été versée sur la table et étalée avec une grande spatule. Le brouet a été divisé en autant de parts que d'ouvriers, et chacun s'est mis à manger sans cuiller ni fourchette : beaucoup même lapaient tout simplement leur portion. Franchement c'était un peu gros de contraste avec la civilisation moderne, et aucun de nous n'a songé à demander une part du goûter. Il faut dire que nous avions déjeuné avec tout le confortable moderne à l'hôtel Trinacria, sur une terrasse donnant sur la mer. C'était un intermède qui nous avait été offert au cours de nos visites ; nous étions traités en amis, et ceux qui nous recevaient si bien paraissaient jouir de notre admiration dans ce pays réellement enchanteur.

Là encore où nous avons été littéralement émerveillés, c'est à la visite faite au jardin public la Flora et au jardin botanique qui y est attenant. Il y a, une superbe végétation des pays chauds, dans un sol fertile où l'eau ne manque pas. Nous avons vu une allée de dattiers, des ficus formant un massif de grands arbres, et même un caféier en fleurs, toute une végétation exotique en pleine prospérité. — Mais l'heure s'avançait et nous devions partir le soir, par bateau, pour rentrer le lendemaiu matin à Naples, et remonter ensuite dans le nord de l'Italie, pour compléter notre tournée par Rome, Sienne, Pise, Gênes et Turin.

Il semble que tout se soit mis de la partie pour ne nous laisser que des souvenirs agréables de notre excursion en Sicile. Pour notre traversée de Palerme à Naples nous avions une mer calme et une belle nuit étoilée. Personne ne songeait à être malade et on avait peine à se décider à quitter, tant la soirée était agréable, le pont du bateau pour gagner sa couchette dans les cabines. Et l'on se donnait rendez-vous le lendemain matin au jour, pour voir le lever du soleil en mer, puis l'arrivée devant Capri, et l'entrée dans la baie de Naples.

www.ingramcontent.com/pod-product-compliance
Lightning Source LLC
LaVergne TN
LVHW020511230826
846091LV00008BA/3454

* 9 7 8 2 0 1 3 6 7 0 5 9 3 *